SE MIRAN LOS CABALLOS

Lleny Díaz Valdivia (Placetas, Villa Clara, 1975).

Lleny Díaz Valdivia

SE MIRAN LOS CABALLOS

De la presente edición, 2018

© Lleny Díaz Valdivia
© Editorial Hypermedia

Editorial Hypermedia
www.editorialhypermedia.com
www.hypermediamagazine.com
hypermedia@editorialhypermedia.com

Edición y corrección: Editorial Hypermedia
Diseño de colección y portada: Herman Vega Vogeler

ISBN: 978-1-948517-33-1

Quedan prohibidos, dentro de los límites establecidos en la ley y bajo los apercibimientos legalmente previstos, la reproducción total o parcial de esta obra por cualquier medio o procedimiento, ya sea electrónico o mecánico, el tratamiento informático, el alquiler o cualquier otra forma de cesión de la obra sin la autorización previa y por escrito de los titulares del copyright.

SE MIRAN LOS CABALLOS

LABORATORIO

El huevo de la serpiente
edifica al mundo
parece gastado y envenena.
Se necesitan minas para resistir.
Corteza
hemisferio
no te rompas todavía
la serpiente abre piedras
sin el germen.
El huevo nos edifica.
Parece que mañana
mataremos con las manos.

DEFINIBLES

No es difícil
llamarse Alan Turing
si los clavos
danzan en las manos.
¿Y el sueño?
A quién le debes
la ruptura de la sílaba
el dedo en tu espalda.
Computable es Dios
el algoritmo
que se apaga en las gavetas.
No es difícil
llamarse Alan Turing
si el miedo
no es hipótesis
y calculas pedradas.

PREGUNTAR EN ALEMÁN

Fumar el cigarrillo
pedirlo al hombre
que no eres.
Colgar ecuaciones
si alguien llama.
Argumentar los riesgos
del cianuro.
Resuelto el crucigrama
suicidarse
pagar un peso,
dos.
Culpar al Reich
al hombre del cuaderno.
Atravesar la guerra
en una bicicleta.

LA GRAVEDAD EN MEDIO DE LOS OJOS

Para Alfred Hitchcock

Los pájaros
como una circunstancia
me esperan
también la mano cerrada
del que viene
por la sangre.
Picos y cortadas.
¡Ah! En este sitio
se violan los espejos
y la circunstancia
es otra curva
por las alas del pájaro.

CUENTEN DESDE HOY

Hacia arriba
antiguos ecuménicos
muñecas de trapo
madres con espinas.
La noche
es un gran canto
y mata.
Cuenten
dibujen en los dedos
elefantes
o la trompa
de los días.
Dos
tres
comenzar izando las palabras
en el culo del mundo.
Cuenten
y las ovejas
se irán secando
desde el salto.

MIENTRAS ESCRIBO ESTE POEMA

Mi mano es un experimento
caricia vaga
por los ojos del hijo.
Mientras escribo
el asesino
no entiende de epigramas
mutila
aúlla
canta sobre el miedo
decapita sus últimas muñecas.
Mientras
revientan los relojes
y el alcohol es un huevo envenenado.
La mano contonea
su cansancio
deshila aquel polvillo
atraviesa ojos
rompe la hoja.
Mi mano es un experimento.

ACECHO

Carbón
Citizen
de dónde escapan
cuando llega el sábado
y una es esa escarcha
intoxicada
por el ojo
de un canario.
Las palabras.
Carbón.
Ciudadano del mundo.

GEOGRAFÍAS

I

Con mi dedo
pruebo las distancias
y con mi dedo
también escribo.

Cómo no dañar el párpado.

Modos
probabilidades
de lanzar agujas
someterlas
bajo cutículas y peces.
pero no es el dedo
es la sombra quien perdura
quien reclama un eje
para frotar los días.
rotación
frotación

diminutos inventos
aire
por los zócalos del miedo.

A nadie le importa
si el dedo imita los horrores
si alguna vez
el hambre fue.

   II

Con mi dedo derecho
podría ser el ojo del caballo.

¡Pero no!
que se manchan los hilos
y mi dedo
es otra cosa
otro impulso
hacia el norte.

COMO CELAN BEBIMOS

en la tarde.
Útero e isla
expulsaban nuestras sombras.
Noche a noche
tragamos.
Tragamos.
Nuestros cuerpos
sin calcio ni esperanza.
Como el rumano
debimos tener otros recuerdos
pero no siempre.

BANDERAS

Mientras los perros
se desnudan
el presidente levanta su cabeza
rompe cielos interiores.
Acomoda firmas en su lengua.
Afuera los perros han izado
las banderas.
Ladran
y se visten
como si nada.

EL GESTO

Cómo adoptar
mi posición de feto
este ir y venir
por el silencio
sin gritar.
Sin gritar.
Ojiva de cal
lámparas mudas.
Vamos a esconder la muerte.

CADÁVERES HERMOSOS

He cavado bajo el agua
noche a noche
sin encontrar el musgo
ni aquel fuego del que hablaban
los egipcios.
Los dedos emplazados
seguros en su mugre
ahora mienten.
Levanto mi cabeza
porque quién diría
Mas la noche no para
aquí en mi frente.
He cavado día y noche
celebrado con mieles mis alturas
pero aquí cien lunas
se dilatan
y mis uñas son cadáveres hermosos.

LÓBULOS, ACUARIOS, HELIÓTROPOS

Sigan rogándome
que exista
destraben el óvulo.
Concilien el rastro
anuncien sus rodillas
digan esto y lo otro
podría ser
que un ornitorrinco cante.
Podría amanecer
con espátulas y grillos.
Insistan
golpeen.
Hay otra vértebra sangrando.
Destraben el óvulo.
Ya.

ELEMENTO RÚSTICO, PROGENITOR

Él
entiende qué es la noche
compra frutas
partidos.
Sabe
insiste.
Colecciona pólvora
mujeres.
Su cabeza de druida
asiente.
Verifica el dolor
conserva dagas
imágenes de Dios
que escupe.
Ser su hija
es acumular adioses y cervezas.
Aquel dolor agudo
bajo el agua.

FUEGO BLANDO

Ella escapa
imprecisa
de mis manos
roza un segundo el polvo
me declara la guerra.
He visto larvas
florecer entre mis dedos.
Dios susurra
canta
trata de explicarme.
Es tarde, digo.
En la cara sobran los cuchillos
también he muerto
cuando tratabas de salvarme.

EMILIA

La madre de mi madre
ha tocado animales y cenizas.
Sus rústicas señales
me asemejan.
Yo rompo sus tijeras
sílabas terribles
por sus manos.
La madre de mi madre
no ha conocido a Proust.
Su júbilo dormita en los aleros.
Su corazón es un reloj de nadie.

BAJO NINGÚN ENJAMBRE DE NARANJAS

Yo juraba a oscuras
que el silencio
era cosa de los otros.
Pero los huesos de la mano
acaban por romperlo todo
por soñarlo todo.
Sobre su cabeza descansa
una arteria dorada.

APÁTRIDA

Abren huecos
en el fondo
Sartre desnuda al objetivo
remata el ensayo
lo devuelve.
¿Escribiste?
¿En la puerta?
¿Con el dedo?
Quién resguarda
lo que eres
lo que harás con lo que fuiste.
La orgía comienza
en el instante
en el micrófono
otro.
Cuando el agente
escribe apátrida
clorofila.
Besemos los dedos
de Simone.

Y si es traición
tengan las llaves
de mi puerta.
Tengan este oscuro pañuelo
con el que tapo mis venas.

NORMALIZACIÓN

El agua no puede
contener su gravidez.
Su arco de espuma.
Frutos ácidos
y señales vestidas
con la mancha de otros.
Cosas del mar
dijeron,
pero en qué sitio
guardo los huesos,
el vómito
que no ahuyentó
a las bestias.
El agua,
¡ay! me traga.
Reedita
la noche, pulmones
un grito.
No toques mi espalda
las cosas del mar
son también cosas mías.

NO ES UN CUENTO

En el camino hacia el agua
cortan la respiración
subliman una arteria.
Asesinan.

Respira
sacude tu dedo
de las sombras.
Aún la píldora
se guarda en los portales.
El sol, ¡ah!
ese grito nocturno no es un cuento
ni Baquiat trazaba cuerpos
en el aire.

TROTAR

Los caballos entran
por mi lengua
sacuden su garganta
aletean.
Los caballos saben
orientan su ira.
Me recuerdan.

ORNAMENTOS PARA VACIAR TUS OJOS

Gravitas a contraluz
y la bala.
¡Oh señor!
De algún lugar nos desprendemos
anulados
proscriptos
sin pólvora
ni espacio.
Más allá de nuestra propia muerte.

JOSH

Su música
como un rayo que no existe
se parte solo
entre tus manos.
La nube aquella
es otra cosa audible
oxigenada
bajando por tu boca.
Te haces grave,
piensas
pero no quieres moverte
no quieres pensar.
Cuatro violines amparan
la colina
debes estar atenta
y cierras los ojos
escapas.

LOS ALFILERES NO CUENTAN

Ayer perdió algo pequeño
era luminoso
deplorable
con una sola angustia
un solo ojo.
Animalillo de fuego
partidor de cabezas
borracho
como la sombra
o la sombra misma
de cristales.
Ayer perdió un instante
la idea flota aún.
Pero ya no es lo mismo.

DULCE COMO LA BOCA DEL LOBO

Sopla
rojo cansancio
marea tras marea
sumerge tus hilos
en mi boca.
Y la cabeza del pájaro
se pierde
como algodón
como ceniza.

INTERMITENCIAS

El patio de mi casa
no es inmenso
se acumulan apenas
diez inviernos
el perro de la noche
con su lengua blanca.
A veces canta
quién lo sabe
una mujer callada
por el aire.

INSTINTO

Tu madre se irá
en el ojo de un caballo.
Aprenderás a conocer
sus manos
que no fueron
sino piel y hambre
aprenderás a decir
que ha muerto.
Rústica sombra
con que alumbrar
tus alas.

RACHMANINOFF SACUDE TU CABEZA

El veintitrés es un número
exactamente odioso
ahora que te callas
para que yo insista en morirme.
Tendría que mentir
borrar las papas salidas del horno.
Pero Rachmaninoff
arranca pedacitos de mi falda.
Variaciones
silencio.

EL CONGRESO ENTIERRA SUS TIJERAS

La gata anda sumergida
dicen que el mar a veces tiembla
que mi padre es un espejo.
La gata sobre el cuerpo
de los vivos.
Pero un lomo no basta
ni el rostro muerto
de las sillas
ni siquiera los acentos pronunciables.
Voy alumbrando
su cola de ceniza.
Contradigo
equivoco.
Me sumerjo.
Mientras exprimo limones
el agua se acomoda
el agua sabe.
En realidad los círculos son rojos
y ella una esperanza.

EL TAMBORCILLO AFILA SUS CABEZAS

Ciertos colores
irrumpen en el vidrio.
No fue cierto
no hubo milagro
mas el cielo
se abría inexpugnable
bajo todos.
Yo soy Eva
con los huesos floridos
pujo, pujo.
Nadie abra su boca
los pastores redimen
con el puño.
El tamborcillo
retumba en la maleza
y otra vez
los cuervos sacan ojos.

EL NEGRO EN MI CABEZA

De qué nos escondemos
Ángel Escobar.
¿De la traición?
¿Del pavimento?
O es un pájaro mudo
quien nos mata.
Declaremos la guerra
con mi pecho y tu cuchillo.
No habrá dioses
ni píldoras
a la orilla del mundo.

Sangran tus cigarros.
La palabra
desde entonces
es más naufraga.

HEBRAS

A veces
al centro de la boca
se congelan los metales.
Animal
restos de azúcar
no lo sé.
Pero el plomo
duele.
Y se esparce
casi intermitente
contra el color de tu garganta.
¡Ay!
Qué ganas de pintar
algodones en tus ojos.
Qué ganas
de nacer sobre
el hilo que te rompe.
Pero los metales
petrifican el sonido.
Un animal callado
nos delata.

SI EL CANTO FUERA

Son ácidos los frutos
del que canta
semillas en el fondo
de su boca.
El canto advierte
sacude las migajas.
Es ácida también la sombra
y el que canta
jamás asoma su verdadera bala
se acurruca en el tiempo
como un remedio grande
aspira el tóxico
pareciera que vive.

ANIMAL O SOMBRA

Los animales se miran
como si el esplendor fuera posible
como si cavar un hoyo
la única violencia.
Los animales ¡Ah!
Qué inmensa letanía
para abrazar lo bello.
Disienten de las sombras
tiemblan.

Quiero cavar
un hoyo
hasta la nuca.

INCLINACIÓN PERFECTA

Acumulo niños
sombras.
Piedras de la piedra.
Resisto al pavimento
a la saliva.
Regreso a donde
nunca he estado.
Los restos del café
siguen con vida.

MICHI SEPI

En la alfombra se dictarán
las sílabas
y un solo hueso
podrá reivindicarme
a lo largo y ancho.
El Mississippi
ya no es el mismo
desde que tú y yo
contextualizamos
el ojo de la noche
desde que
la palabra volver
se adquiere
en una sala de espera
cuando la luz no existe
cuando la arena
es un disparo
a los pies del negro
a los pies del llanto

cuando Jim acepta
y nosotras
apretamos el puño
corremos descalzas
nos ahogamos

LUZ QUE SE ADORMECE

A veces tragaría espadas
sobre el hueco
de sus ojos.
Me frotaría las manos
con carbón
para alargar su sombra
para nombrarle desde el fondo
desde el oscuro invierno
desde antes.

PULSACIONES

Nos enterramos en la noche
perseguidas
mostrando la sal.
¡Ah, tan dulce la sal!
Quién nos recuerda
quién no.
Hay noches importantes
y buscamos a los otros
gritamos sus nombres.
Nos enterramos
contra la página
ardiendo en la punta
de sus balas.
Ya nadie nos encuentra.
Nadie.

EN EL SÓTANO

Y la palabra muerte
es un espejo
donde guardar el hilo
la guadaña.
Por qué la llave
se demora en los canteros.
Nada habrá que no sepa
tu mano temblorosa
tu riñón derecho
tan oscuro.
Y si la sangre se habilita
y corre
qué canción
amansará tus patas.
En el sótano
para soñar
a veces relinchan
las anémonas.

COMO PÉTALOS

Yo dije:
Hay trampas
en el ojo del niño.
Y la noche avanzó
por las ventanas.
La matriz
advierte
que no eran los caballos
sino el ojo de hierro
golpeando
besándolo todo.
Algo me tensa
a veces quiero
alimentarlos.
Ser ciega.

HACIA ADENTRO

Guardo la aguja
que podría ser
y en el horno
mueren los tomates.
Nadie venga
a regalarme nada.
El ojo de la aguja
canta en mis paredes
afuera
los pájaros
hablan.

QUISTES, PUÑALADAS

La mañana es una curva
por tu pecho izquierdo
animalillo ronco
agua.
Algunos dicen
que sonríes
cierran sus dedos
te delatan.
La mañana es un puente
para medir los días.
Algunos dicen que sonríes.
Yo compro cactus
insulto a Dios
recojo pedacitos de pan.
Glándulas blancas.

CONTRARIA AL PECHO OTRA CIUDAD

Advertirnos será tan prematuro
como cortar la luna
con los ojos.
Otra ciudad
desnuda y transparente
¿Existe?

LA RUTA

Se parten tus dedos
en la sombra
y no tienes
ni piedra ni rostro.
Cómo te nombran
los cocuyos.
Y no tienes
ya ni hijo
ni palabras.

ROUND ABOUT MIDNIGHT

Sin más cuerpo que el mío
sin más noche que
el viento.
En el fondo
esta leña blanda
hambrienta
queriendo morir
desesperadamente morir
antes que lleguen
antes que el hueso diurno
arrogante.
Quiebra las llaves
en el cajón derecho
se guardan las copas.
Canta despacio
no mueras
no escuches
el viento sigue
soplando.

DOMINGOS, MENTA, CALCETINES

Nada que poseer
solo esta altura
de mi ojo malnacido
y aquella urgencia por la nada.
A cien metros de nadie
Mayo se incorpora
miente si le abrazo.
Nada que administrar
solo este hueso insoportable
sed del que no ha sido.

CUADRÚPEDOS

La diferencia entre
el lomo de mi jefe y un cuadrúpedo
es mínima
tan mínima
que a veces prefiero silbar
o chasquear los dedos.
Lanzarle los huesos de mi tórax.
No es lo mismo
un sueño que un cuchillo.
¿O sí?
Tal vez mi jefe
mastica sin espíritu
y entra en las gargantas
sin permiso.
Hoy he traído a mi caballo
me preparo
con la misma precisión.
Canto.
Mujercita.
Eso dirá

eso espero que diga
y cuando su lomo
 se ilumine
cerraré los ojos del caballo.
Porque hay muchas diferencias.
Porque el ojo sabe.

RELOJES EN EL TECHO.

Quién dijo que la luz
es un pájaro muerto.
Quién clavó la noche
por tus manos.
La cuerda es alta
hijo
tengo ganas de llorar.
Retoca los silencios
no escuches
al tonto sino es para cantar
no cruces
salta.
Quién dijo
que la luz es un pájaro muerto.
Quién.

LAS LÍNEAS DE PABLO

Un toro podría explicar los huesos
sus pasos por el aire.
La tarde.
El animal piensa la tarde
como jamás alguien
lo haría.
El barro no es ahora
sustancia en sus patas
es tinta
acrílico blando
inundador de cielos.
Un toro podría decir
si quiere
si es un toro trazado
vivo.
Agujereado por la mano
absuelto
entre espátulas y brillos.
Podría hablar
del mar

invertir los cuernos
paladear una luz
y otra
y otra.
Un toro parado
mortal.
Podría explicar su ojo y su penumbra.
Si quisiera.

CON UN AIRE DE PALMERA

Otra vez el viejo con su estopa
se levanta de la noche malherido.
No le faltan ni moléculas
ni vino.
Pero el viejo silba
los silencios de la casa
con un aire de palmera
o siempreviva.
Ha dicho que le pesan las palabras
que no sabe si *yes* o todavía.
En la alfombra
los mapas se diluyen
su mano es la tristeza que no cansa.
En la tele
le avisan
los precios han bajado.
Con su estopa el viejo disimula.
No volveré
musita
alucinado.

Jura
y Cachita le responde.
Vas bien
respira
ciudadano del mundo
sin axilas.

YA NO EXISTE EL GAS Y LA MADERA ES OTRA

En el piso no se puede, no se puede. Ya ves cómo se hunde cómo no es honesto y llena de polvo sus espaldas. Ponen a Dios en el cinema. Quieren venganza, maquillaje. Pero en la taquilla quedan solo cintas, unas tablas y el potro mira hacia la izquierda. Espuma, espuma hirviendo, corazón, sobre tu lengua, sobre tu esófago violento alucinado.
No abras la puerta. No.
El horno es un océano que apesta, una multitud sin gas.
No abras la puerta.
No.

TERCER MUNDO

Y ese temor a las cosas
que caen del cielo
águilas doradas
alfileres.
Pomarrosas con filo.
Verbos animales
rosados.
Días centauros.
Miedo contra el miedo
irreversible.
Como una foto clandestina
que nos borra de los siglos.
Hilillo destrozado.
Te revientan los aviones
con esos modos
de acariciar los pánicos
de romper la mansedumbre
con que aprietas el aire
para no romperte

para no romperlo todo.
Ese
temor
a las cosas
que caen.

MODERNIDAD

Aprietas el objeto
como quien salta una tapia
un espejismo.
Lo hieres bajo el brazo
y adoptas nuevamente
el ritmo.
Vas.
Vienes.
Sujetas los bordes
son cristales los bordes
sueñan con tu miedo.
Vas
vienes.
Oprimes aire
objeto.
Los dedos
son jícaras.
Se deshacen.
Afuera ya no quedan sonidos.

Afuera
caen
se estremecen.
Aprietas el objeto
saltas.

EL NUDO

A Juan Carlos Flores

Barbas de luz
infectan mi garganta.
De quién es ahora la ciudad.
Ningún pájaro
ha cortado su pico
clavan sus alas
escriben sobre mí.
Rueden lagartos,
pájaros, hormigas.
Rueden.
En el balcón duerme
otro suicida.
Shh
no lo llamen
podrían matarlo
para siempre.

HOUSE OF THE RISIN SUN

Dispara
no hay balas
le he dado al cojo
toda mi fortuna
y aun así
no duermo
no vivo.
La ciudad (esquizofrénica)
muerde mis labios
pide más.
Y yo qué tengo,
digo.
Un horno
donde cocer abismos
el disco de Bob
que me costó un peso con noventa y nueve
en la avenida Broadway.
Sabes *brother*
la luz no llega
y es una pena esta ciudad

con sus piernas abiertas
a la espera del remate.
Y es terrible que no encuentre
lo que busco
en los estantes
en el cielo
en la puerta que ostenta su revólver
que apunta a mi pecho
pagando el salario mínimo
que dejaré
si encuentro
otro disco de Bob
a uno con noventa y nueve.

LA ZONA

Acabo de abrir la puerta
Stalker.
Habían más de cien becerros
quemándose las frentes.
Puse mi bolsa entre la luz
y no hacían silencio
no hacían más
que soñar
con cada flueguecillo
puesto en su osamenta.
Acaricio el agua
tomo prestadas las paredes...
nada que no sea.
Mi zona
Stalker
es un avestruz inmenso
y parpadea tanto
y asesina casi sin pensarlo.
Acabo de mirar el cielo
ni una nube muchacho

ni un recuerdo
que nos salve.
Regresemos al camino
nadie pondrá
esas bombas
sino nuestras propias manos.

NYACK

PORQUE NO TODOS SON MANCOS
NI REPITEN A DIARIO

I

El que no tiene dientes puede resultar
un mago egipcio con llagas en los ojos
o quién sabe si primo de Faulkner
ovillo de todas sus erres y terminaciones.
Los dedos de los pies valen oro, molido,
dirían los egipcios
y dale con los egipcios
con sus ojerosas pieles de papiro.
Porque no todos somos iguales
porque hay un devenir de azulados contrastes en las venas
porque sobre periódicos se sueña más discreto
y el asfalto convence, hermano mío.
El asfalto ruge
revienta una por una las costillas
da calambres
hastío

pero definitivamente se sueña a discreción.
Si tengo un dólar, un centavo
lo doy,
lo ofrezco como diezmo
nunca se sabe si es el primo de Faulkner
o el genio desheredado de los Beatles. Lo doy y punto.

II

Las gomas de mascar hacen daño a las encías
provocan estado de nulidad bobería.
Las gomas de mascar dan hambre
mucha hambre.
Bellaire tiene negras desnudas, altos oficios
payasos que convencen.
Tópicos bajo el agua
cuando no hay nada a salvo.
Bellaire tiene chinos
que regalan vasitos con té y brujerías
y no todos son mancos.
Les sale un tufo agrio y desgarrado
bolsitas con peces por los ojos
juegan a la mafia
se interponen en sus puertas
mostrando apellidos y sombrillas.
Te agradecen cuando firmas de más.
Pero no son primos de Faulkner los chinos
ni se ovillan por temor.
Y dale con Faulkner y dale con los chinos.
Mi abuela durmió con un japonés
salieron tres pájaros con pico de mar
escarbadores de la noche

demasiado bellos.
Mi abuela sabía
que los libros no eran para siempre
que al oriente del país
le hacían falta nuevos brazos
y fumó.
Tan lúcida mi abuela
tan experta en torcidas y relojes
pomadas y tejidos.
Porque no todos repiten a diario
lo que ven.
Sirven griegos
ingleses
chinos y mi abuelo japonés.
Si tengo hambre he de avisar
dobladas las mangas de mis ojos.
Pero si tengo un dólar o dos
prefiero soñar
discretamente.

JUNIO 14

Como si el río
tragara de mi boca
más allá de Nyack.
Yo quería
atravesar la tierra
con un vaso de vino
y la pronunciación del viejo
el de los blancos papeles bajo el brazo.
No era ella
era la luz
que entraba a gritos.
El poema de una chica
con las rodillas muertas
el poema.
Picaporte
dedos.
Como si el río tragara de mi boca
dibujé el orín
a la derecha
centrada
perfecta.

DOMINGO

A Manny López

Sobre Elwood duermen
los pájaros más bellos
las más sucias ventanas
y los tigres.
Cuando se juntan los niños
con el agua
las avenidas arrastran corazones
tortugas.
Cierta soledad.

EN LA ESTACIÓN NO MIRES

rozan los cristales
con sus bocas de 1900
con sus túnicas terribles
sus milagros.
También están los otros
huesos
historia.
Acaricio
cortejo con mis manos
las salidas
¡pero el niño!
yo vi
cómo aguantaba la respiración
cómo huía
de su propio espejo.
También
ignoré la noche de las vías.
Él supo nada
solo aquel extraño recorrido
de sudores

aquel terror
bajo sus cejas.
En la 42
bajamos
la misma luz mordía
otras paredes
o era
la misma noche.

JUNIO 14. NUEVE Y CINCUENTA

Volaban
eran volutas
alergias primaverales.
Yo quise pensar
que la ciudad nos recibía
que el aire iba a ser nuestro.
Nos alejaba
continuamente
de un pantano
nos acercaba a todo.
El chofer no las veía
manejaba
con la tranquilidad
del que cruzó los mares
hace veinte años.
En la esquina del puente
un *homeless*
saludó
sus manos vacías se llenaron de
estaciones.

Las esquirlas
lo hicieron llorar.
Pero el chofer no.
Sus ojos eran blancos
tristísimos caballos en su cara.
Reía
reía y colocaba el timón
a su derecha.
Las calles
están rotas
declaró.
Y yo vi un hueco
detrás de su camisa
un pliegue apenas
y aquel hilillo de sangre.
Subimos a treinta y cinco millas
por hora
las escaleras de incendio
apretaron su mano.
Mi amor
también reía.
Los billetes
el humo.
La ciudad guardó su cola.
Hambrientas
subimos
al 125.
Adentro llovía.

STATION A

Las bestias bebían
a horcajadas
sobre el agua.
Sin mostrar los dientes
sin sacudir sus torsos.
Perlitas de sudor
amontonadas
sueños
gelatina de invierno
eran mis ojos.
Yo
jamás besé a un tren
anduve lenta.
Las bestias saludaban
metían
su lengua
y un llanto silencioso
silencioso.

TESTAMENTO

La belleza del coágulo
enjaulado.
Y el coágulo correcto
correctísimo.
Exagerada mi condición de piedra
a quién espanto
es la hora de servir el agua
con menos argumentos.
La belleza señor
horrible envoltura
para ganar cielo y pan.
Exagerada toda condición
enjaulada.

CALIBRE

A quién le debes
tu espuma
las pastillas del martes
los hilos trasnochados.
Carcajadas
huesito retruécano y dulce.
En una lata operan tus venas
tus grises sombrillas
tus molares.
Es hora dijiste.
Los disparos
son murciélagos felices.

UNITED AIRLINES

Un cristalito la luna
yo queriendo adivinar
la forma en su cápsula de humo.
Grietas
grietas
dominadoras del aire.
Cruzo dedos
piernas
quiero salvarme.
El pájaro asume
sus destinos.
Cuarenta bocas cerradas
cuarenta.
Windy.
Windy.
Mi pecho se cierra.
Soy una granada.

TABLA DE ELEMENTOS

Sardinas del viernes
frituras
héroes de mentira.
Cruzar la calle
con gesto indestructible
y masticar hielo. Con tanta devoción
mastiqué el hielo alguna vez.
Los pezones
olían a tierra
eran ácido sulfúrico
magnesio.
Degustadores de litio
y calcio
con espinas.

GRINGOS

Sigo el parpadeo de las haches
entierro uves.
Es un huevo
es un *egg*.
Quiero decir gallina.
A mi lado
hay un nudo de palabras
niños bellos.
Algunas mesas son anchas
y los vasos chocan
con más ímpetu que dios.
Quiero pagar
saldar alguna deuda.
Pero mi lengua es un *troll*
don´t worry lady
i´m gringo
but grandma...

SUPER WOMAN

Levanta una bolsa
tiende sus labios
abrocha zapatos que no existen.
Sus ojos que lejos
del fuego
y de la piedra.
Arcos
pinceles
el rojo de su iris cortando las cabezas.
Ciertas calles pulen los saxos
de la muerte.
Los ojos de la negra
detienen los autos
acumulan látigos
en Wildcrest.

LARIOS

Hemos venido a ver al muerto
que nadie se distraiga
con las pequeñas
blancas jaurías de aquellos piececillos.
Sonido.
Hueco.
Hemos venido para abrazar
sin contestar al salmo.
Nadie se atreva
a despedir los ríos.
Mi amigo estrena su orfandad
su cuchillo blanco.
Es jueves
los partidos se dilatan
y yo he venido
a ver al muerto más hermoso
que abre y cierra los volcanes.
Francisco le llamaban.

UN PAÍS NO ES UNA TRAMPA

Puntadas
estrechas puntadas.
La sangre matando.
Un país se mete adentro
y mata
fulmina deseos
catedrales.
Mudas las cañadas
mudos los hombres.
Sin lengua
ni alivio.
Pero la trampa es otra cosa
otro órgano
instalado.

JOSEFA

Hablaba con los muertos
gustosa separaba cáscaras
hollejos
y semillas de su baba.
No era cualquier líquido aquel
a diario lo forjaba
con finas promesas
y caldos invisibles.
Bebía aguardiente
sin ninguna compostura
sin engaños.
Mucha raíz tuve que tragar,
decía,
para que los pulmones y la rabia tengan vida.
Inocente
bruja del mar
mi abuela se metía por mis ojos
sin querer
recostaba allí sus piernas
escribía.

¡Valeriano Weyler
carajo!
Todavía huele a monte
mi cabeza
todavía
hay fango en las heridas.

CAMPANAS

Había pedido un revólver
cristales negros bajo el brazo
todo bajo el brazo.
Eran Cartas de Cumpleaños
algo tan simple.
Comenzaron a desfilar
imágenes
bajo tus cuervos.
Rostros de vacas
adoradoras de Chaucer
el chasquido de un remo
y de su boca.
Todo el gas.
Era tarde para mí.
Devolví todas las balas.

BLUES

Se amontonan.
Ray Charles
ya lo dijo,
es tan alta la ceguera
como un vaso de cerveza
bebido en pleno julio.
Se amontonan.
Casi todos los orgasmos
caída de córneas y cigarros.
Con sus lentes
habría que marcar los pianos
mirar adentro
con ese mismo, esférico,
tornillo de las puertas.
Se amontonan
bailan en círculo
notas y
putas.
Una

otra
quiero destrozar
alas de pollo.
Amenazarme
con la sombra de su aguja.

TELESCOPIO

Lo robaría para ti
trípode de plata
lente de plata.
Podrías verlo todo
como si tu madre cantara
y los fragmentos de vidrio por tus piernas
no fueran
sino lunas
caídas de los techos.
Robaría caballos
siluetas.
Quién dijo en Dinamarca
que los niños son granadas
que las puertas
se cierran.
Contracciones chiquito
topos
ardientes chocolates.
Tendremos que volar

desde la noche
para salvarlo.
No llores
reventaremos la boca del monstruo
contra el dique.

SOBREVIVIR

Pido un rostro
un saco
una muñeca
me cercan las manos con palabras.
Monedas picoteadas
gritos.
Regresar a la guerra
morir.
Acomodar fracciones
huesitos
pujar
pujar.
Pido un rostro
otro.
Me entierran los lunes
los martes.
Cantan
sonríen
un tambor cose mi boca más cercana.
Escupo cintas

huevecillos del aire.
Me entierran los lunes
los martes.
Entierran
me
entierran.

ALTURAS

Pajarraco hermoso
hombre.
Caliza longitud
la de tu fiebre
que entretiene a ratos
los pulmones.
Prematuro
simplemente
estatua.
Quién nos dijo
qué éramos
quién tejió
sobre los mares
este ruido.
Sentados
quisimos ser materia.

DYCKMAN EXPRESS

Es esta ciudad
como un secreto oscuro
volándote los sesos.
Donde antes las líneas eran fuego
ahora se precipita
un *iceberg*
una mangosta
purísima
en tu cuello.
Querida
los trenes son cada vez más ciertos
y no acaban.
Vacían hasta el rótulo
y tus ojos
se vuelven una multitud.

PROCESOS

Benditos los malditos
los que orinan despacio
los que fuman con Dios.
Benditos los infames
lustradores de lenguas
ciegos y dormidos.
Benditos estos
y esos
los que enseñan los dientes
y se matan.
Los malditos que florecen
los huérfanos con hijos.
Este golpe
sus destinos.

ENCANTADORA

Buscaste en la basura
en la trampa.
El tajo relinchaba
como una arteria rota
en tu costado
guardabas tarros de locura
injertaste cepas
por un barranco ario.
Cómo iban a dormir los niños
del techo caía espuma
hollín verde.
Un dolor llevaba a otro
tu cabeza
tu malestar con sogas.
Comejenes vivos
afiladores del tiempo
lo cortaban todo.
Creíste que las hormigas
te adoraban
un sepulcro llevaba a otro

y a otro.
Monóxido
para guardar tus ojos
basura.
El tajo
los vasos con leche.

PUROS

Son tan altos
que duelen
una se voltea
para respirar mejor
y siguen creciendo
lo llenan todo
desde el techo
hasta las patas de la cama.
Vierten heno
lágrimas grandes.
Llevan
sus ojos como trompos.
Mirarlos no quiero
insisto en escribir
sobre sus riñones.
Son hermosos
dan miedo.
Levantan sus rodillas
ordenan.

La madrugada es un infierno *baby*
yo no tengo zanahorias
ni manzanas.
Sueño con ellos
escribo.

CON LA SALIVA DE LAS GOLONDRINAS NO TE
METAS PODRÍA COSTARTE LA VIDA PARA SIEMPRE.

I

La humedad es un sitio
por el que vamos ciegos
bacilo perfecto
dador de animales
que no existen.
Curvatura en la cabeza
de los chinos
cuando claman en tu dirección
un pájaro
un buda
el reloj.

II

Por qué fue todo agua
por qué si respiraba

en los callejones
no era fuego
sino agua
desparramada.
Piedras suaves
colgaban
piedras que
soñaban
algodones.
Piedras
en subasta
clasificadoras.
La cortina entonces.
Adentro
no había pájaros
sino peces
una anciana de hierro
mucha agua.
Pensé que todos buscaban su saliva
me fue otorgado el don
de respirar.

ÍNDICE

Se miran los caballos 7
- Laboratorio 9
- Definibles 10
- Preguntar en alemán 11
- La gravedad en medio de los ojos 12
- Cuenten desde hoy 13
- Mientras escribo este poema 14
- Acecho 15
- Geografías 16
- Como Celan bebimos 18
- Banderas 19
- El gesto 20
- Cadáveres hermosos 21
- Lóbulos, acuarios, heliótropos 22
- Elemento rústico, progenitor 23
- Fuego blando 24
- Emilia 25
- Bajo ningún enjambre de naranjas 26
- Apátrida 27
- Normalización 29
- No es un cuento 30
- Trotar 31
- Ornamentos para vaciar tus ojos 32

Josh	33
Los alfileres no cuentan	34
Dulce como la boca del lobo	35
Intermitencias	36
Instinto	37
Rachmaninoff sacude tu cabeza	38
El congreso entierra sus tijeras	39
El tamborcillo afila sus cabezas	40
El negro en mi cabeza	41
Hebras	42
Si el canto fuera	43
Animal o sombra	44
Inclinación perfecta	45
Michi Sepi	46
Luz que se adormece	48
Pulsaciones	49
En el sótano	50
Como pétalos	51
Hacia adentro	52
Quistes, puñaladas	53
Contraria al pecho otra ciudad	54
La ruta	55
Round about midnight	56
Domingos, menta, calcetines	57
Cuadrúpedos	58
Relojes en el techo.	60
Las líneas de pablo	61
Con un aire de palmera	63
Ya no existe el gas y la madera es otra	65
Tercer mundo	66
Modernidad	68
El nudo	70
House of the Risin Sun	71

La zona	73
NYACK	75
Porque no todos son mancos	77
Ni repiten a diario	77
Junio 14	80
Domingo	81
En la estación no mires	82
Junio 14. Nueve y cincuenta	84
Station A	86
Testamento	87
Calibre	88
United Airlines	89
Tabla de elementos	90
Gringos	91
Super woman	92
Larios	93
Un país no es una trampa	94
Josefa	95
Campanas	97
Blues	98
Telescopio	100
Sobrevivir	102
Alturas	104
Dyckman Express	105
Procesos	106
Encantadora	107
Puros	109
Con la saliva de las golondrinas no te metas podría costarle la vida para siempre.	111

www.ingramcontent.com/pod-product-compliance
Lightning Source LLC
Chambersburg PA
CBHW032005080426
42735CB00007B/515